Daniel Schäfer

Der Höhenweg
der Liebe

Das Christentum der Gegenwart
unter dem Gericht von 1.Korinther 13

Verlag und Schriftenmission
der Evangelischen Gesellschaft
für Deutschland GmbH
5600 Wuppertal 11

ISBN 3 87857 165 8
© Sonnenweg Verlag.
© für diese Ausgabe
Verlag und Schriftenmission
der Evangelischen Gesellschaft für Deutschland, 56 Wuppertal 11
Grafik: Eberhard Wirtz
Gesamtherstellung:
St.-Johannis-Druckerei C. Schweickhardt
7630 Lahr-Dinglingen
17321/1980

Inhalt

Das Hohelied der Liebe

1. Korinther 13:

Wenn ich mit Menschen- und mit Engelzungen redete *und hätte der Liebe nicht,* so wäre ich ein tönend Erz oder eine klingende Schelle.

Und wenn ich weissagen könnte und wüßte alle Geheimnisse und alle Erkenntnis und hätte allen Glauben, also daß ich Berge versetzte, *und hätte der Liebe nicht,* so wäre ich nichts.

Und wenn ich alle meine Habe den Armen gäbe und ließe meinen Leib brennen *und hätte der Liebe nicht,* so wäre mir's nichts nütze.

Die Liebe ist langmütig und freundlich, die Liebe eifert nicht, die Liebe treibt nicht Mutwillen, sie blähet sich nicht, sie stellet sich nicht ungebärdig, sie suchet nicht das Ihre, sie läßt sich nicht erbittern, sie rechnet das Böse nicht zu, sie freuet sich nicht der Ungerechtigkeit, sie freuet sich aber der Wahrheit; sie verträgt alles, sie glaubet alles, sie hoffet alles, sie duldet alles. Die Liebe höret nimmer auf, so doch die Weissagungen aufhören werden und die Sprachen aufhören werden und die Erkenntnis aufhören wird. Denn unser Wissen ist Stückwerk und unser Weissagen ist Stückwerk.

Wenn aber kommen wird das Vollkommene, so wird das Stückwerk aufhören.

Da ich ein Kind war, da redete ich wie ein Kind und war klug wie ein Kind und hatte kindische Anschläge; da ich aber ein Mann ward, tat ich ab, was kindisch war.

Wir sehen jetzt durch einen Spigel in einem dunkeln Wort; dann aber von Angesicht zu Angesicht. Jetzt erkenne ich's stückweise; dann aber werde ich erkennen, gleichwie ich erkannt bin.

Nun aber bleibt Glaube, Hoffnung, Liebe, diese drei; aber die Liebe ist die größte unter ihnen.

Das ernsteste Kapitel der Bibel!

Ein alter Heide, der in längst vergangenen Zeiten lebte, hat gesagt: »Es gibt auch eine *lieblose* Liebe.« Einer der Allergrößten hat dies Wort bestätigt, als er das 13. Kapitel im 1. Korintherbrief schrieb, das hohe Lied der Liebe, dessen Grundton wie eine Gerichtsglocke durch unsere Zeit und Seele klingt: »*Und hätte der Liebe nicht . . .*« Ein Leben, vor allem ein Christenleben, hat doch nur so viel Inhalt, als es für andere gelebt wird; und es wirkt nur so viel bleibende Frucht, als es von der Liebe Christi durchglüht wird. Das zeigt uns das Endgericht nach Matth. 25. Aber die allermeisten Christen lieben mit der eigenen, der lieblosen Liebe. Diese Liebe hat gleichsam eine Pfahlwurzel, die mit ihren letzten Verästelungen Selbstsucht genannt werden muß. Wenn ein Engel Gottes aus unserem Leben und Dienst alles das heraustäte, was nicht unter die Rubrik »die Liebe Christi dringet uns also« gehört, so bliebe gewiß nicht viel übrig. Es gibt kein Wort auf Erden, das so bekannt und so geläufig ist und das so viel mißbraucht wird, auch unter Christen, wie das Wort »Liebe«. Und es gibt kein Ding, das so selten unter den Menschen ist, wie die wirkliche, reine, göttliche, selbstlose Liebe, ach, so selten auch in der Gemeinde Gottes unter den Christen, so selten in deinem und meinem Leben. Darum ist 1. Korinther 13 das allerwichtigste Thema für unsere Zeit, für die Kirche, für die Christengemeinde, für unseren Reichgottesdienst und für unser Familienleben. Ist doch das »hohe Lied der Liebe« das *ernsteste Kapitel* der ganzen Bibel für uns Christen. Ich liebe die »Superlative«, d. h. die höchstgesteigerten Ausdrucksformen nicht, aber hier wiederhole ich mit Nachdruck: Das hohe Lied der Liebe, 1. Korinther 13, ist das *ernsteste, wichtigste* Kapitel der Bibel für alle gläubigen Christen. Es ist der *»neutestamentliche Bußpsalm«* an die Gemeinde Gottes. Wie selten hört man über diesen Bußpsalm predigen!

Diese Zeilen schrieb ich für dich und mich, als ich mein Ohr an die ergreifend ernsten Töne dieses Bußpsalmes legte und mein Herz diesen Wahrheiten öffnete. So lies auch du diese Zeilen gründlich, lebe ihren Inhalt aus und hilf anderen auf den Höhenweg, den sie suchen.

Hinter uns liegt das grausamste und grausigste Erleben der Menschheit: der Zweite Weltkrieg. Es forderte mehr als 25 Millionen Tote. Ganze Völker wurden in den Tod gehetzt, Millionen entrechtet, heimatlos, vertrieben, mißhandelt. Tyrannenmacht feierte und feiert noch Triumphe; sie hat die Erde zum Tränenland gemacht. Die letzte Etappe der Menschheitsgeschichte ist angebrochen; sie steht unter dem Wort Jesu: »Die Ungerechtigkeit wird überhandnehmen und die Liebe in vielen erkalten.« Das muß die Gemeinde Jesu wissen. Die Liebe darf nicht auf den Trümmern sitzen und Klagelieder singen, sondern muß zum Dienst sich gürten. Jünger Jesu sind aufgerufen, Brunnen der Liebe zu graben, zum Dienst an den Entrechteten, an den Verbitterten, an den Heimatlosen, an den Verzweifelten, an den Trostlosen. Hier hilft kein frommes Wort, sondern nur der Glaubensbeweis in der Liebe. Unser Christentum hat in der Tat vielerorts versagt, weniger in Unkenntnis der Lehre als in der Tat. Die Gemeinde Jesu muß wieder den apostolischen Dienst der Frühlingsgemeinde antreten, sonst bleibt sie unter dem Gericht.

Es tut not, daß wir den Grundton des Evangeliums und des biblischen, praktischen Christentums klar herausstellen: die Liebe!, denn sie ist die größte aller Geistesgaben.

Es tut not, daß wir aller Karikatur und allem Zerrbild, allem Spott und aller Feindschaft dem Evangelium gegenüber das Wesen wahrer, reiner Christenliebe nach dem Schriftzeugnis klar auf den Leuchter stellen. Auch wenn wir uns damit selbst unter das Gericht des Wortes stellen; denn nur die Wahrheit kann uns frei machen. Und es tut not, daß wir uns an den Worten des neutestamentlichen Bußpsalmes sieghaft stärken und festigen lassen, um unseren »Höhenweg« durch das Feld von Tod, Tränen und Trümmern zu gehen.

Die Liebe nach 1. Korinther 13 ist nichts Weichliches, nichts Sentimentales, nichts Schwächliches; sie ist nicht das ewig fromme Lächeln, ist nicht Stimmungs- und Gefühlschristentum, sondern die Liebe, die hier gezeichnet wird, ist das ganz starke, dienende, sieghaft-leuchtende, frohmachende Evangelium praktischen Christentums, das in zwei Jahrtausenden das Antlitz der Erde verwandelte und die Herrlichkeit Gottes offenbarte. Das ist die Liebe, die wir heute brauchen. »Denn die Liebe ist von Gott, und wer in der Liebe bleibet, bleibet in Gott und Gott in ihm.« Nur an der himmlischen Liebe kann die arme, gottferne, leiddurchtränkte Welt wieder genesen.

Ein Höhenweg – ganz unvergleichlich

»Ich will euch noch einen köstlicheren Weg zeigen.«
1. Korinther 12, 31

Der Weltmissionar Paulus schrieb das ernsteste Kapitel der Bibel an die Gemeinde in Korinth. In dieser reichen, großen sittlich versumpften Hafen- und Handelsstadt hatte das Wort vom Kreuz seine Gotteskraft erwiesen. Die Großtaten Gottes waren offenbar geworden. Es entstand eine blühende Christengemeinde, die reich war an Geistesgaben, an Pfingstkräften, an Zungenreden. Es war eine Gemeinde, von vielen bewundert, vielleicht auch beneidet, die wie eine »Stadt auf dem Berge« weithin leuchtete. Und doch: Unter »dem Reichtum« der mannigfaltigsten Geistesgaben fehlte eine, die allergrößte und nötigste: Die Liebe!

Es entstanden dort Bruderkämpfe über religiöse Auffassungen, Trennungssucht, Parteispaltungen, sogar Zänkereien: 1. Korinther 1, 10–13.

Paulus behandelt in Kapitel 12 und 14 die mancherlei Geistesgaben und ermuntert: Strebet nach diesen Gaben! Mitten zwischen diese Kapitel aber legt er das hohe Lied der Liebe und bezeichnet diese Liebe als den Höhenweg: Ich will euch noch einen köstlicheren Weg zeigen. Ein Weg »ganz unvergeichlich« (Menge), ein Weg, »hoch über allen«. Das ist für alle Zeiten der Weg der Gemeinde Jesu durch die Niederungen und Wüsten der Welt. Die Gemeinde Jesu hat zu verschiedenen Zeiten oft verschiedene Wege gehen müssen: Kampfeswege, Leidenswege, mancherlei Dienstwege – aber *einen Weg gibt es, den sie immer gehen muß, will sie anders ihrem Haupte Jesu folgen.* Dieser *eine* Weg ist der Höhenweg der Liebe, der ganz unvergleichliche Weg, hoch über allen!

In Korinth war die Urkraft der Christenheit, die Liebe, wie sie in ihrer göttlichen Vollkraft sich in der Frühlingsgemeinde in Jerusalem offenbarte, schon geschwunden. Dort hatte die Gemeinde Jesu das Band der Vollkommenheit, die Liebe, (Kol. 3, 14) unter dem Zeugnis getragen: Die Menge der Gläubigen war »ein Herz und eine Seele«. Einmal, nur einmal hat diese kalte, ichsüchtige Welt etwas Vollkommenes, Vorbildliches gesehen von der wunderbaren Gewalt der Jesusliebe unter den Menschen, das war in der Urgemeinde in Jerusalem, da man auf dem Höhenweg lebte und wandelte.

Von dieser ersten Christenheit hat Karl Gerok das ergreifende Bekenntnis gesungen:

> Ein Herz und eine Seele war
> der ersten Christen Menge;
> zum Tempel zog die kleine Schar
> in freudigem Gedränge.
> Ihr kleiner Chor klang voll empor,
> als wie aus *einer* Kehle,
> *ein* Glaubensgrund, *ein* Liebesbund,
> *ein* Herz und *eine* Seele.
>
> Und dräuete die arge Schar
> mit Ketten, Schwert und Flammen,
> die Brüder hielten treu gesinnt
> nur inniger zusammen
> beim Abendmahl im lichten Saal,
> wie in des Kerkers Höhle.
> Man brach das Brot – man ging zum Tod:
> *Ein Herz und eine Seele* . . .

Was müßte Paulus heute in die Christenheit hineinrufen?! Wir stehen wahrlich unter dem Endzeichen, Matth. 24, 12: »Die Liebe ist in vielen erkaltet.« Durch die verschiedenen Länder reisend, sehen wir landauf – landab, wie die Christen- und Bruderliebe ihr Haupt verhüllt und in die Wüste klagend geht, weil sie da, wo man sich nach Jesu Namen nennet, keine Stätte mehr findet.

Wieviel Neid und Streit unter den Christen . . .

Wieviel verzankte Gemeinschaften . . .

Wieviel gelähmte Christengemeinden . . .

Wieviel Parteisucht und Hader, Spaltungen und Trennungen.

Wieviel Ichsüchtige, Ehrgeizige, Geltungsbedürftige, die als »Papstnaturen« eine Rolle begehren . . .

Wieviel Verbitterte, Unversöhnte, Hartherzige, Eis-Heilige . . .

Wieviel Fanatiker, religiöse Eiferer, die mit kaltem Herzen die Bruderliebe kreuzigen um ihrer »biblischen Grundsätze« willen . . .

Daneben sehen wir innerhalb der Christenheit und außerhalb der Mauern des Reiches Gottes soviel sonnenhungrige Menschen, soviel vereinsamte Seelen, soviel seelisch abgekämpfte, soviel verbitterte Kämpfer, soviel Enttäuschte, soviel gebrochene Herzen, soviel stille Last- und Leidträger.

Wir klagen mit Karl Gerok:

Wo bist du hin, du goldne Zeit –
du Zeit der ersten Christenliebe?
Wo wohnst du noch, o Brudersinn,
im wüsten Weltgetriebe?

Ob Christi Heer durch Land und Meer
nach Millionen zählet,

die Liebe, ach, die Krone, brach:
Ein Herz und eine Seele.

Ich sehe mich um im Lager der christlichen Kirche, sehe
viele erhitzte Köpfe, kalte Herzen, fanatische Stürmer;
sehe die zu Ruinen gewordenen Bollwerke christlicher
Bruderliebe, die sensationslüsterne fromme Menge, die
lieblosen Beurteilungen Andersgesinnter, die nach Feuer
vom Himmel rufenden Jünger; – ich sehe die leeren
Kirchen, die in »neuheidnische« Religionslager schwan-
kenden Massen, höre die kraftlosen Predigten und sehe
Millionen, die nie mehr eine Kirche betreten.

Dann möchte ich mein Haupt verhüllen und klagen *auf
den Trümmern!* Aber nein, rufen will ich, laut und lauter,
ob man's hören will oder nicht, ob man es ablehnt oder
annimmt:

Gemeinde Gottes! Du hast den Höhenweg der Liebe
verlassen, darum zerkämpfst du dich in den Niederungen
und Abgründen der Spaltungen und Konfessionen. Es
gibt Trennung über Trennung in Gemeinschaften, Kirchen und Bruderkreisen.

Kirche Jesu Christi! Du hast auf dem Altar des Glaubens
das Feuer der Liebe erlöschen lassen; darum ist es so kalt
und eisig in deinen Kirchen und Gotteshäusern, in deinen
Versammlungen und Reichsgotteswerken; die Fackeln der
Bruderliebe brennen nicht mehr in deinen Kampfesreihen.

Christenheit! Du hast das feste Band der Vollkommenheit, die Liebe, zerrissen unter deinen Gliedern; darum
sind viele widereinander und bekämpfen sich; darum
lieblose Kritik und ein Nichtverstehen, ein Nichttragen,
ein Nichtzusammenfinden.

Kinder Gottes! Wir haben den schönsten Schmuck, der
unser Christenleben ziert, die Liebe, im Staub der Weltge-
danken und im Ichleben eigener Meinungen verloren,

zertreten, zerbrochen. Nun sind wir Menschen, die den Namen haben, daß sie leben, aber ohne die Liebe sind wir tot.

Nach der Schrift ist die Liebe die allergrößte Geistesgabe – und wo die fehlt, da gibt es Zustände in Kirche und Reich Gottes, wie sie in Korinth waren: »Es ist vor mich gekommen, daß Zank unter euch sei« (1. Kor. 1, 11).

Die Liebe äußert sich nie auf Kosten der Wahrheit, denn sie liebt nur Wahrheit. – Aber es gibt in allem Kampf der Lehrmeinungen, in allem Ordnungsdienst der ungeordneten Kirche, in allem Trennungselend der entzweiten Christen, in allem Streit um Recht und Macht nur *einen Weg*, der zur Gesundung und Heilung führt: Wir müssen wieder vorwärts zur Urkraft der Christenheit, zum Höhenweg der Liebe, wieder durch Buße und Neuanfang *Christen* werden. *Sind wir schon Christen?*

Wir müssen wieder Christen werden!

»Die Liebe ist die größte unter ihnen.«

Das war das wunderbare Zeugnis, das man den Gläubigen der Urgemeinde gab: man nannte sie nach diesem Christus: Christen! Man nannte sie auch Nazarener (Apg. 24, 5). Damit waren sie gekennzeichnet als Menschen, die etwas von dieser Jesusart an sich trugen, die in dem Leben dieses gekreuzigten Nazareners überall zu finden war. Deshalb standen die Heiden und Juden am Höhenweg der ersten Gemeinde mit dem staunenden Zeugnis: Sehet, wie haben sie einander so lieb! Man nannte sie auch »Jünger Jesu«, weil in ihrem Leben offenbar wurde, daß sie Schüler des großen Meisters waren.

Das geht ja durch das ganze Schriftzeugnis des Neuen Testaments, daß Christen vor allem *Menschen der großen Liebe* sein müssen.

Im Alten Testament kennen wir bereits das hohe Lied der Liebe, die den Herrn mit seiner Gemeinde verbindet, aber nur schwache Ansätze von der Bruderliebe, die Reichsgenossen umschließt, obwohl wir 3. Mose 19 schon das neutestamentliche Gebot finden: »Du sollt deinen Nächsten lieben wie dich selbst.« Erst im Neuen Testament reift unter der Liebe Christi die volle Bruderliebe. Und nun klingen durchs ganze neutestamentliche Schrifttum, wie eine große Sinfonie, die Stimmen des Evangeliums, die zum Wandel und Leben in der Liebe Christi rufen. Nur einige seien hier angeführt:

Das neue Gebot, das nicht von Sinais Bergen dröhnt, sondern dem Fuße des Kreuzes, von Golgathas Hügel zu uns kommt: »Ein neu Gebot gebe ich euch, daß ihr euch untereinander lieben sollt . . .« (Joh. 13, 34).

Das Zeichen der Jüngerschaft, das nicht nur den Zwölfen gilt, sondern den Jüngern und Jüngerinnen aller Zeiten ein klares Merkmal aufdrücken soll: »Daran wird jedermann erkennen, daß ihr meine Jünger seid, so ihr Liebe untereinander habt« (Joh. 13, 35).

Jesu letzte Bitte war im hohenpriesterlichen Gebet das Flehen um die Einigkeit *aller Kinder* Gottes, »damit die Welt glaube, du habest mich gesandt« (Joh. 17, 20.21). Dieses Gebet des Welterlösers sollte in allen Verhandlungen, Konzilien, Synoden, Kirchenversammlungen, Konferenzen und Vorstandssitzungen von allen Beteiligten laut miteinander gebetet werden.

Die brüderliche Liebe untereinander sei herzlich, so mahnt Paulus in seinen Briefen (Röm. 12, 10); eine Ermahnung, die heute der Bekräftigung besonders bedarf.

Die Liebe ist des Gesetzes Erfüllung, d.h. wer Liebe übt, erfüllt damit alle anderen Gebote. Übe Liebe, – und du kannst sonst alles andere tun und lassen; denn du machst dann keine Fehler, wenn du wirklich in der Gewalt der Liebe Christi bleibst (Röm. 13, 10).

Die einzigerlaubte Schuld ist die Liebe (Röm. 13, 8): »Seid niemand nichts schuldig, denn daß ihr euch untereinander liebet.« Liebe ist die *einzige* Schuld, die auf Erden nie ganz abgetragen wird und immer größer werden darf, die sogar auch im Himmel bleibt; denn die Liebe höret nimmer auf. Liebe ist der einzige Reichtum, der beim Ausgeben immer größer wird.

Der Totalitätsanspruch der Liebe: »*Alle* eure Dinge lasset in der Liebe geschehen« (1. Kor. 16, 14). Wer von uns Frommen in diesem Wort sein Leben prüft, muß davonschleichen mit dem Zöllnerwort: »Gott sei mir Sünder gnädig!«

Die Königsgewalt der Liebe (2. Kor. 5, 14): »Die Liebe Christi dringet uns also.« Wie machtvoll klingt in der Mengeübersetzung dies Wort: »Die Liebe Christi hält uns in ihrer Gewalt.« Ihr, die ihr Christi Namen nennt, lasset uns »Jünger Jesu« werden, die von der Königsgewalt der Jesusliebe gehalten, getrieben, durchglüht sind.

Die größte Dienstkraft! Paulus ermahnt Gal. 5, 13: »Durch die Liebe diene einer dem anderen.« Also der Höhenweg 1. Kor. 13 ist die einzige Straße, auf der Christen einander begegnen sollten im täglichen Umgang praktischen Alltagslebens.

Die erste köstliche Frucht des Geistes ist nach Gal. 5, 22 die Liebe. Denn Paulus nennt sie zuerst in der Aufzählung der Geistesfrüchte. Man sucht sie oft vergeblich am Baum unseres Glaubens.

Das Band der Vollkommenheit. »Über alles ziehet an die Liebe, die da ist das Band der Vollkommenheit« (Kol. 3, 14). Nur unter diesem einigenden Band, das alle anderen Geistesgaben und Kräfte vereinigt und heiligt, findet sich die Gemeinde Jesu zusammen und wird stark und einig zum Dienst.

Die Liebe muß zur Tat und Wahrheit werden. Johannes, der alte Patriarch von Ephesus, mahnt die Christen aller Zeiten und Zungen: »Meine Kindlein, lasset uns nicht lieben mit Worten, noch mit der Zunge, sondern mit der Tat und mit der Wahrheit« (1. Joh. 3, 18).

Das klarste Kennzeichen der Gotteskindschaft: »Wer aus Gott geboren ist, der liebet die Brüder.« Lies 1. Joh. 4 und 5. Das ist ein vernichtendes Urteil über allen Bruderkampf und Bruderstreit auf der religiösen Kampfarena unserer Tage. Diese Kapitel sollten zu Bußklängen für uns werden.

Diese und viele andere Schriftzeugnisse sind wie ein

stetes starkes Rufen, aus den Niederungen und Abwegen auf den Höhenweg der Liebe zu treten.

Wir sollen Jünger Jesu werden? Was sind das für Menschen? Es sind die, die in der Liebe bleiben, weil sie in Gott bleiben; denn Gott ist die Liebe. Die Quellen der starken Christen- und Bruderliebe liegen nicht in dieser Welt, auch nicht in uns selbst. Alle Liebe, die wir geben und leben sollen in der Familie, im Dienst an anderen, in der Freundschaft, in der Missionsarbeit, an Kranken und Elenden, im Zeugendienst des Evangeliums – alle Liebe kann nur aus einer Quelle kommen: aus der Liebe Gottes, die sich in Jesus offenbart. Wer nicht aus diesem Quellgebiet täglich schöpft, ist bald kalt und leer und liebt mit »liebloser« Liebe.

> Lob sei dem hohen Jesusnamen,
> in dem der Liebe Quell entspringt,
> von dem hier alle Bächlein kamen,
> aus dem der Seligen Schar dort trinkt.

Jünger Jesu – die leben täglich von der Liebe Jesu und gehen dann als Jesusmenschen durch die liebearme Welt, um die Menschen zu Gott und in sein Reich hinzulieben.

Jünger Jesu bekennen auf dem Höhenweg:

> Das will ich mir schreiben in meinen Sinn,
> daß ich nicht für mich auf Erden bin,
> sondern, daß ich die Liebe, von der ich lebe,
> liebend an andere weitergebe.

Jünger Jesu sind Menschen, die es den anderen, denen, die nicht mehr glauben können und wollen, leichter machen, daß sie auch wieder glauben können. Sie machen es ihnen leichter durch ein Leben, in dem in Wort und

Werk und allem Wesen Jesus und sonst nichts zu lesen ist.

Diese Christen brauchen wir wieder in der vordersten Front des Reiches Gottes.

Wir sprechen viel von der Urgemeinde in Jerusalem; sie ist uns wirklich Vorbild der dienenden Bruderliebe. Und doch wollen wir unsere Gedanken nicht voll Sehnsucht um diese Frühlingsgemeinde kreisen lassen. Denn nicht von dort kommt unsere neue Kraft zur Liebe –, sondern unsere Glaubensgedanken umfassen den, der allein Liebe ist und der seine Königsherrschaft neu in uns aufrichten will: Jesus.

Unser Christenleben – unter dem Gericht

»Und hätte der Liebe nicht …«

Das hohe Lied der Liebe hat Gott selbst dem Paulus in die Harfe gelegt, ein Lied, so gewaltig und stark, wie es nie vor ihm und nach ihm aus eines Menschen Herzen geklungen ist. Es ist ein Hochgesang, höher und reiner als alle Erdenlieder, mächtiger und gehaltvoller als alle Werke klassischer und *neuzeitlicher schöngeistiger Literatur*. Es ist ein Lied, das aus Ewigkeiten stammt, durch diese Zeiten klingt und von Millionen immer neu gesungen wird und doch in Ewigkeiten nicht ausgesungen werden wird; denn die Liebe höret nimmer auf. Aber wehe uns, wenn wir dies ernste Lied nur so in leichten Schwingen durch unser Gemüt ziehen lassen. Wehe uns, wenn wir es nur literarisch genießen und in frommer, gefühlvoller Art unsere Seele daran berauschen.

Nein – 1. Korinther 13 ist ein *»neutestamentlicher Bußpsalm«*, der uns alle eigenen Höhen frommer Selbstge-rechtigkeit zerschlägt und uns, wenn wir Gott darin zu uns reden lassen, ins Zittern bringt. Denn *die* Liebe, von der hier der Knecht Gottes zu uns redet, haben wir nicht. Und die Gemeinde Gottes in unseren Tagen muß es bekennen:

Das hohe Lied der Liebe ist ein Gerichtswort Gottes über uns!

Ich will in diesem Zusammenhang keine ausführliche Deutung dieses ernsten Kapitels im üblichen Sinne exege-tischer Schriftauslegung geben. Ich möchte diesen neutestamentlichen, evangelischen Bußpsalm nur anklingen lassen und damit die Anregung geben, daß man anfängt, auf seinen Ruf zu hören, denn das tut heute bitter not.

Und aus diesem tiefen Brunnen göttlicher Liebe möchte ich nur einige Becher schöpfen; ob nicht doch einige Hungernde und Dürstende in der kalten Wüste der lieblosen Welt den Weg fänden zum Gottesbrunnen ewiger Liebe. Diese Zeilen sollen nur Wegzeichen sein zum »Höhenweg« – der hoch über allen ist –, ob nicht manche von uns anfangen, diesen im Dienst und Leben des Reiches Gottes allein geltenden Weg zu gehen.

Was ist denn die Liebe nach 1. Kor. 13, diese »Agape«, diese himmlische Liebe? Ich will es deutlich sagen:

Liebe ist erbarmungsvolles, opferbereites, frohes und selbstverleugnendes Dienen, in Treue und Hingabe, ohne Rücksicht auf Zuneigung oder Abneigung, ohne Rücksicht auf die Forderungen der eigenen Natur, ohne Rücksicht auf die Wünsche des eigenen Ichs; denn sie sucht nur des Nächsten Heil und Gottes Ehre. In diesem Dienst ist und macht sie tief glücklich.

Das ist die Liebe, die nur durch den Heiligen Geist uns geschenkt werden kann, wenn wir ernstlich darum bitten. Noch immer wird sie »ausgegossen durch den Heiligen Geist in unsere Herzen« (Röm. 5, 5).

In den ersten drei Versen von 1. Korinther 13 beschäftigt sich Paulus mit drei verschiedenen Arten von Christen, denen die Liebe fehlt: *Redechristen, Kopfchristen, Scheinchristen,* und diese Verse bringen ein Gericht auch über unser Christenleben.

V. 1: *Das Gericht über unser Redechristentum.*

V. 2: *Das Gericht über unser Kopfchristentum.*

V. 3: *Das Gericht über unser Scheinchristentum.*

Diese drei Gruppen stehen unter dem Urteil: *Und hätte der Liebe nicht…*

Wider das Redechristentum

»Wenn ich mit Menschen- und mit Engelzungen redete und hätte der Liebe nicht, so wäre ich ein tönend Erz oder eine klingende Schelle.«

In Korinth gab es viel Redechristentum. Ob es das erschütternde, unverständliche Aufjauchzen der Zungenredner war oder das eifernde Reden der Gruppen für ihre Parteihäupter, die Gemeinde wurde dabei nicht erbaut und gefördert. Paulus vergleicht dies Redechristentum in höheren Ausdrücken von Engelzungen mit tönendem Erz und klingender Schelle. Ein tönend Erz ist glänzend, es funkelt von ferne; aber es ist leblos, kalt, hart und schwer. So sind Redechristen: Sie »glänzen« mit ihren Gaben vor anderen; aber wenn die Liebe fehlt, sind sie kalt, einflußlos, selbstherrlich, zuletzt werden sie weggeworfen wie ein Stein.

Eine klingende Schelle macht weithin großen Lärm; man hört sie wohl, aber ihre Stimme versteht man nicht. Sie bleibt seelenlos und kalt. So sind Redechristen, wenn die Liebe fehlt. Ihr Wort ist so hart, kalt, ohne Seele, ohne Eindruck.

Paulus verwirft nicht das geistesmächtige Zeugnis vom Evangelium. Er vertritt in Kapitel 14 diese Gabe und ermahnt, Vers 1: »Bemüht euch um die Gabe der geistlichen Beredsamkeit.« Aber wo Redekunst und fromme Wortübung ohne das Feuer der Liebe vorhanden ist, da ist sie nur tönend Erz – klingende Schelle.

Und jetzt lauschen wir einmal auf das laute Wortgeklingel modernen Redechristentums. Wieviel wird in unseren Tagen christlich geredet!

Jeden Sonntag werden allein auf der evangelischen Seite

etwa 30 000 Predigten, Bibelstunden, Versammlungen abgehalten. Gott allein weiß, wieviel Redechristentum ohne Liebe dabei ist.

Wir sprechen die Sprache Kanaans so geläufig, wortgeübt: *Redechristentum*.

Man spricht: Gott befohlen! und denkt vielleicht etwas ganz anderes dabei – oder gar nichts!

Man hält die Hausandacht und kann vorher oder nachher ganz lieblos über andere reden.

Man beruft sich auf seine *Bekehrungs*geschichte, deutlich und bekennend, aber das Leben hat keine Spur von *Bewährungs*geschichte.

Man hält »Bibelstunde« und führt daheim ein Ichleben.

Man redet von seinen Glaubenserfahrungen und benachteiligt mit ichsüchtigem Herzen den Nächsten.

Man hält »biblische Predigten« – und lebt wie alle Weltkinder.

Man predigt von praktischem Christentum und läßt die Armen, Heimatlosen und Kranken ohne Trost.

Man führt ein Redechristentum frommer Worte und stößt mit diesem kraftlosen, liebearmen Leben suchende Menschen ab.

Redechristen will die Welt nicht hören! Frommes Geschwätz stößt nur ab. Redechristentum ohne Liebe wirkt ekelhaft. Ich war einmal Zeuge, wie eine Pfarrfrau ihrem erregten Manne ganz ruhig sagte: »Mann! Wenn du auf der Kanzel bist, dann hast du den Heiligen Geist. (Er war ein guter Kanzelredner!) Aber drunter hast du ihn nicht.« Der Mann lächelte nur kalt. Mich traf das Wort tief und ging wie ein Gerichtswort mit mir. Ist es nicht oft so, ihr Verkündiger des Evangeliums, auf Kanzel und Katheder haben wir vielleicht oft die Liebe, den Heiligen Geist – und dann? Dann kommt das Redechristentum.

Wie köstlich war das Zeugnis, das eine bergische Christin dem heimgegangenen Pastor Wilh. Haarbeck gab: »An jedem seiner Worte hing ein Segen.« Ja, dieser schweigende, liebende Mann war ein Zeugnischrist – kein Redechrist. Erst wenn unser Wort christlicher Rede aus dem Quellgrund der Liebe Christi kommt, dann wird es Kraft und wirkt Leben.

Darum die Forderung aus 1. Korinther 13:

Nicht Redechristen – sondern Zeugnis- und Tatchristen!

Unser erbärmliches, frommes Geschwätz steht unter dem Gericht, und Redechristen stehen in Gefahr, wie Stein und Schelle verworfen zu werden.

Laßt uns folgende Wahrheitslichter für unser Zeugnis- und Tatchristentum beachten:

Liebe ist das »*schweigende Wort*« im Dienst an den andern.

Das »Wort ohne Liebe« ist die vornehmste Macht der Finsternis.

Jeder »religiöse Fanatismus« ist der tiefste Gegensatz zur Liebe Christi.

Jedes Wort lieblosen Urteils fällt unter das Redechristentum.

Liebe macht die größte geistliche Beredsamkeit.

Liebe, die durch den Geist Gottes ausgegossen wird in unser Herz, macht jedes schlichte Zeugnis zur wirkenden Gotteskraft.

Ach, daß die Urkraft der Liebe wieder unsere Kraft würde!

> »Hilf, daß ich rede stets, womit ich kann bestehen,
> laß kein unnützes Wort aus meinem Munde gehen.
> Und wenn in meinem Amt ich reden soll und muß,

so gib den Worten Kraft und Nachdruck ohn' Verdruß.«

Herr, mache aus uns, den Redechristen, lebendige Zeugnischristen der Tat!

Wider das Kopfchristentum

»Und wenn ich weissagen könnte und wüßte alle Geheimnisse und alle Erkenntnis und hätte allen Glauben, also daß ich Berge versetzte, und hätte der Liebe nicht, so wäre ich nichts.«

Hier nennt Paulus ein Vierfaches, das die Gemeinde und der einzelne Christ als Gabe – ohne Liebe – besitzen kann:

Prophetische Gabe der Weissagung,
Wissen von Geheimnissen,
tiefgründige Erkenntnis,
Glauben, der Wunder erlebt.

Was sind das für wunderbare Gaben! Diese waren in Korinth vorhanden. Ach, daß wir sie mehr hätten in unserer an Geistesgaben so armen Christenheit:

Die Gabe erwecklicher, prophetischer Rede,
den Einblick in die Gottesgeheimnisse der Welterlösung und Vollendung,
den Reichtum an biblischer Erkenntnis aller Dinge,
den Glauben, der etwas wagt und wirkt.

Um diese Gaben wollen wir beten!
Aber dieselben Gaben können nur zum Segen werden, wenn die Sonne der Liebe sie reifen läßt zur Segensfrucht für die Gemeinde. Wo sich aber diese Gaben entwickeln in Verknüpfung mit dem eigenen frommen Ichleben – da

gibt's keine christlichen Persönlichkeiten, keine prophetischen Gestalten, sondern *Kopfchristen ohne Liebe.*

Da ist man mit dem Kopf, mit der Erkenntnis ein Christ, mit dem Herzen aber ein Heide.

»Den Kopf heiß und schwer – das Herz kalt und leer.« Da kann mancher alte Christ, der in Komitees sitzt, in Vorständen mitregiert, in Versammlungen laut und lange betet, jahrzehntelang auf dem Wege sein – und doch ohne Liebe, unter dem Urteil stehen: »Dann wäre ich nichts!«

Wo keine Liebe ist, kann ein Kopfchrist mit viel Erkenntnis doch kalt, herzlos, geizig, ichsüchtig sein.

Kopfchristen können die Bibel kennen,

Lieder auswendig wissen,

viele Sprüche gelernt haben,

Erfahrungen weitergeben,

die letzten Dinge der Offenbarung genau erforscht haben, und doch; ohne Liebe, unter das Urteil fallen: »So wäre ich nichts!«

Freilich nach der Schrift – siehe Petri letztes Wort – sollen wir wachsen in Gnade und Erkenntnis. Wie nötig haben wir die Bibelchristen! Aber erst die Liebe Christi macht aus den geprägten Münzen der Erkenntnis wirklich wertvolles, goldechtes Christengut, das im täglichen Leben andere reich und froh macht.

Auch ein wagender, schaffender, vielbeschäftigter Glaube kann die tiefsten Verwurzelungen trotz des frommen Betriebes doch im »Ichleben« haben und zur Sättigung ehrgeiziger Gefühle dienen, während reine, dienende Liebe immer aus einem Opferleben kommt. Darum stellt hier Paulus die Liebe über den Glauben.

Nicht Kopfchristen – sondern Herzenschristen!

Erkenntnis ohne Liebe ist der Gefrierpunkt des Glaubens. Der Herr bewahre uns, daß wir nicht solche »Eis-Heilige« werden. Die sind der Tod des Gemeindelebens.

Wir wissen oft viel, lesen viel – leben und lieben aber zu wenig.

Der Glaube redet und spricht von Jesus, kämpft um Jesus – aber die Liebe geht und liebt zu Jesus hin!

Viel, viel Licht der Erkenntnis ist uns nötig, aber vieltausendmal nötiger haben wir mehr Liebe, mehr Liebe!

Wenn ich alle Erkenntnis habe und habe keine Liebe, so bin ich nichts – gar nichts!

Wider das Scheinchristentum

»Und wenn ich alle meine Habe den Armen gäbe und ließe meinen Leib brennen, und hätte der Liebe nicht, so wäre mir's nichts nütze.«

Was hat Jesus einen harten, geistlichen Kampf geführt gegen die Scheinfrommen seiner Tage! Wenn man heute durch Jerusalem geht und die Vertreter aller Religionen in Turban und Talar, in Kutte und Barett, in Bärten und Tonsuren, in langen Kleidern und frommen Gebärden durch die Straßen gehen und an den Ecken stehen sieht – dann begreift man erst Jesu Worte vom »Anbeten im Geist und in der Wahrheit« und seinen Kampf gegen die zur Schau getragene Religion. Alles biblisch-blanke, göttlich-lebendige Christentum wird frei und immer freier von leeren Formen und einem kraftlosen Scheinchristentum, das in engen konfessionellen Grenzen verrostet und versandet, aber fanatisch die Formgesetze wahrt und verteidigt.

So können wir Paulus verstehen, daß er Sorge hat um die Korinther, sie möchten in ein »liebloses Scheinchristentum« geraten, da die Liebe nicht mehr herzlich und lauter ist. »Wenn der Geist fehlt, bleibt nur die Scheinform«, das ist in der Geschichte des Reiches Gottes stets die Gefahr gewesen: das Leben floh – der Schein blieb. Dann wird der fromme Mensch zum religiösen Schauspieler, und der vollendete Pharisäer ist fertig, der in Satans Hand dessen fromme Puppe spielt. Ist nicht bei uns das Scheinchristentum in voller Blüte, das unter dem Urteil steht: es ist nichts nütze«?

Man kann eine Münze auf den Missionsteller legen

und dabei fleißig sein, zu beobachten, ob es der andere auch gesehen hat!

Man kann Barmherzigkeits- und Wohltätigkeits-Veranstaltungen machen, und darüber flimmert es von Eitelkeit und Selbstgefälligkeit.

Man kann seine Opfergabe still hinlegen – und sie riecht doch nach Geiz und Tod.

Man kann dem Nächsten Gutes tun – aber dafür Sorge tragen, daß es doch bald alle erfahren. Man kann fleißig sein im Reiche Gottes aus lauter Ehrgeiz und Geltungstrieb.

Man kann sogar ein zeitgemäßes Martyrium suchen, weil es den frommen Ehrgeiz befriedigt und die Gefallsucht nährt.

Aber ich will deutlicher werden:

Man kann dreißig Jahre Pfarrer sein und den Heiland verkündigen – ohne die Liebe Christi. Man kann Jahrzehnte als Evangelist durch die Lande reisen, ohne in der brennenden Liebe zu den Verlorenen zu stehen. Man kann lange, sehr lange Kirchenvertreter sein, ohne etwas von der Liebe Christi zu wissen. Man kann ein halbes Leben Vorstandsmitglied in Reichsgotteswerken sein – und die Liebe Christi nicht kennen. Man kann das Kleid der dienenden Diakonisse tragen – und dienen mit der »lieblosen« Liebe. Man kann den Schein eines gottseligen Lebens lange vor den Menschen wahren – und doch die Kraft der Liebe Christi verleugnen. Man kann missionarisch in vorderster Front stehen, ohne von der heiligen Liebe Christi gedrungen zu sein.

Aber: Gott sind wir offenbar! Möge er uns erlösen von allem unehrlichen, komödienhaften, kraftlosen Scheinchristentum.

Nicht Scheinchristen sucht der Herr, sondern wirkliche Opferchristen, die nach Römer 12, 1 ihr Leben auf den

32

Opferaltar der Liebe Christi legten, zu einem Ganzopfer, das da sei heilig, lebendig und Gott wohlgefällig.

Je und je sahen wir Opferchristen, die auf dem Höhenweg der Liebe froh und frisch, gesalbt mit heiliger Dienstfreude, ein Leben der Liebe lebten – für andere! Aus der großen Schar nur einige:

Die Liebe Christi drang einen Dr. Baedecker, den Boten des Königs, der im vorigen Jahrhundert gegen den Rat des Arztes mit *einem* Lungenflügel durch Sibirien reiste, um den Gefangenen das Evangelium zu bringen. Als er hinkam und das Elend seiner Brüder sah, bat er: Vergebt mir, daß ich nicht eher zu euch kam.

Ich erinnere an die ersten Herrnhuter Missionare, die vor 200 Jahren als erste Pioniere des Evangeliums Blutzeugen in Westindien wurden,

an einen Livingstone, der die Millionen Afrikas so liebte, daß er dort im Dienste des Evangeliums sterben wollte – und auch im Dienst sich dort verzehrte.

Ob das eine Tante Hanna, die Wuppertaler »Heilige im Arbeitergewand«, war oder eine Mathilda Wrede, der »Engel der Gefangenen«, in deren Adern fürstliches Blut rollte, auf ihrem Grabstein aber steht: »Eine Sklavin Jesu Christi.« Sie und viele, viele andere glühten in der Liebe Christi.

Ob das ein Pastor Cörper, der Volksmissionar von Barmen, war, der die Dienstlosung hatte: »Ich suche meine Brüder«, und der in seinem Dienst der Liebe Haus für Haus seiner Gemeinde regelmäßig besuchte und viele zu Gott hin liebte, –

oder die Schwestern, die wir im Aussätzigen-Asyl in Jerusalem sahen, die, ungenannt und unbekannt, diesen Ärmsten in Liebe dienen, auf die Gefahr hin, selbst krank zu werden, und die alle Anerkennung ablehnten mit dem Wort: Das ist nur unsere Pflicht – sie sind mit vielen Tausenden den Opferweg der dienenden Liebe gegangen und haben erlebt: Die Liebe wirkt Wunder der Gnade im Reiche Gottes.

Wollen wir nicht alle beten:

> Gib mir jene heiße Liebe,
> die nicht viel von Opfer spricht,
> aber die aus reinem Triebe
> scheut die schwersten Opfer nicht.

Du aber, lieber Leser, stelle dich mit mir und der gesamten Gottesgemeinde, mit allen Redechristen, mit allen Kopfchristen, mit allen Scheinchristen unter das Gericht Gottes, zur Buße und Bekehrung. Wir alle müssen ganz, ganz andere Leute werden.

In den ersten drei Versen zeichnet Paulus ja eigentlich dein und mein Bild, das Bild des alten, selbstsüchtigen, ehrgeizigen, scheinheiligen Menschen, der auch nach der Bekehrung noch so liebekalt und ichsüchtig ist. –

Wo genesen wir? Ach, nur einer kann uns helfen: Jesus! Noch einmal bekennen wir hier:

> Säng' ich mit Engelszungen ein Lied zu Gottes Ehr,
> und wär mein Geist durchdrungen
> von Weisheit, tief und schwer,
> und wär die schönste Gabe der Erde mein Gewinn,
> und gäb ich alle Habe den armen Brüdern hin –
> so wird es doch nichts taugen vor seinem Angesicht,
> vor seinen heil'gen Augen,
> wenn's an der Lieb' gebricht –
> wenn's an der Lieb' gebricht!

Denn alles Große in der Gemeinde Christi ist ohne die Liebe wertlos; aber durch sie wird alles wertvoll, weil sie allein die höchsten Werte schafft. Sie allein ist die königliche Gabe und Größe unter allen Geistesfrüchten und Großtaten des Reiches Gottes.

Von der Kraft und Schönheit reiner Christus- und Christenliebe

Paulus sitzt hinter seinem Brief an die Korinther. In Korinth stimmte es nicht, da war Gefahr im Anzug. Am liebsten wäre er selbst hingeeilt, um die Brandfackel der Liebe in den Bruderstreit zu werfen und die Gemeinde zurückzurufen auf den Höhenweg. Aber nun muß er schreiben. In den ersten drei Versen spricht er die Gerichtsbotschaft aus über Redechristentum, Kopfchristentum, Scheinchristentum und zeichnet den unvergleichlichen Wert reiner göttlicher Liebe. Nun muß er den Korinthern das Bild und Wesen dieser Liebe zeichnen, in ihrer ewigen Schönheit und in ihrer göttlichen Kraft. Ob er nicht in seinen Gedanken nach einem Vorbild suchte? War niemand in den jungen Christengemeinden von Jerusalem bis an die Grenzen Europas, den er als leuchtendes Bild hätte hinstellen können? Er suchte den Himmel ab, die Erde aus – da war niemand, von dem er hätte sagen können: Wandelt, wie ihr ihn habt zum Vorbild! Auch von sich selbst wagte Paulus es nicht zu sagen. Die Liebe, die er jetzt zeigen mußte, hatte kein menschliches Urbild und konnte nicht mit irdischen Farben gezeichnet werden. Paulus aber läßt sich in seinem wunderbaren Höhensang vom Geist Gottes treiben, und siehe, da bleibt sein Auge hängen an einem Bild – an dem Leben des Mannes von Galiläa und Judäa; da bleibt seine Seele stehen vor dem dornengekrönten Haupt und dem König der sterbenden Liebe am Kreuz auf Golgatha! Jetzt kommt seine Seele in Glut und Kraft, und durch seine Harfe rauscht das ewige Lied von der *Liebe*, wie sie die arme Erde erlebte, als der Sohn Gottes durchs Land der Sünde und des Todes ging.

Und das, was wir hören vom Wesen und der Kraft wahrer Liebe, Vers 4–8, das ist die Liebe Jesu, wie sie uns immer noch entgegenstrahlt: aus dem Leben voller Leuchten und Lieben in Galiläa und Judäa; aus dem starken Heilen und Helfen inmitten der Kranken und Blinden; aus dem Segnen und Seligmachen unter den Sündern; aus dem Tragen und Dulden auf der Schmerzensstraße; aus den nassen Augen am Ölberg, von den durchbohrten Händen am Kreuz und dem gebrochenen Herzen auf Golgatha; wie sie uns immer vor Augen steht in dem erhöhten Haupt seiner Gemeinde, in den starken Händen des ewigen Hohenpriesters zur Rechten der Majestät, der sich einst nicht schämte, »uns seine Brüder zu heißen« (Hebr. 2, 11).

Dies Bild mit seinen reinen Lichtstrahlen himmlischer, starker Liebe leuchtet uns nun entgegen in Worten, in denen Paulus die wahre Liebe zeichnet. Das ist die Liebe, an der die Gemeinde Christi genesen kann von allem Hader und Streit, von aller Ich- und Parteisucht. An diesem Gesundbrunnen kann deine und meine Seele ewig gesunden von allem kranken, selbstischen Wesen. Hier ist die Dienstkraft für ein Leben und Dienen auf dem »Höhenweg« zu haben. Hier ist die Schule für die Jünger Jesu Christi. Einer, und nur einer ging den Höhenweg der Liebe, von der Wiege bis zum Grabe, von der Krippe bis zum Kreuz – das war Jesus.

Laßt uns seine Herrlichkeit sehen in seinem Wort, das Paulus vor uns entfaltet:

> Die Liebe ist langmütig und freundlich,
> die Liebe eifert nicht,
> die Liebe treibt nicht Mutwillen,
> sie blähet sich nicht,
> sie stellet sich nicht ungebärdig,

sie suchet nicht das Ihre,
sie läßt sich nicht erbittern,
sie rechnet das Böse nicht zu,
sie freut sich nicht der Ungerechtigkeit,
sie freut sich aber der Wahrheit:
sie verträgt alles,
sie glaubet alles,
sie hoffet alles,
sie duldet alles.

Die Liebe behält lange Mut! Das ist die einfachste, tiefste Auslegung des Wortes: »Die Liebe ist langmütig.« Wollen wir wissen, was langmütige Liebe ist, dann müssen wir zu dem Sünderheiland in die Schule gehen. Sein ganzes Erdenleben war voller Kraft langmütiger Liebe. Sein hohepriesterliches Wirken am Throne Gottes ist ein Lieben der Sünder in tragender, wartender, geduldiger Langmut.

Aus dem langmütigen Lieben Jesu will ich nur ein Bild hier zeichnen, von dem wir auch sagen müssen: »So wie er am verhöhntsten, so ist er mir am schönsten.«

Wir sehen den König des Lichtes und der Liebe, der eine gefallene Welt erlösen will, in den Händen der Mörder: blutig der gepeitschte Rücken, blutig das dornengekrönte Haupt: er aber liebt seine Peiniger! Sie binden ihn, spucken ihn an, lästern ihn – er liebt weiter! Auf der Marterstraße zusammenbrechend das Fluchholz tragend, gehört diese Jesusliebe bis zuletzt einer Welt verlorener Sünder. Sie nageln ihn ans Verbrecherholz, er trinkt den Essig, trägt des Fiebers Glut und leidet die Qual der Schmerzen – und doch, jeder Blutstropfen bis zum letzten Herzschlag quillt aus einer brennenden Liebe zu dem Menschengeschlecht der Mörder und Verbrecher, der Gefallenen und dämonisch Gebundenen, die aus des

Vaters Reich gefallen sind und die er retten, retten muß als das Lamm Gottes, das der Welt Sünde trägt.

Und jetzt kommt die Probe der langmütigen Liebe: Dort hängt Jesus zwischen Himmel und Erde in namenloser Qual. Dort sieht er zu seinen Füßen die Masse, die noch vor einigen Tagen »Hosianna!« gerufen hatte. Jetzt schreien sie mit dem Volk: »Kreuzige! Kreuzige!« Hatte er nicht sein Selig! Selig! auch über sie gerufen? Da erblickt er die Führer des Volkes, wie sie mit satanischer Freude seine Qualen ansehen. Dort sieht er seine Jünger, die er noch in derselben Nacht dreimal seine Freunde genannt hatte, wie sie voller Furcht ihn verlassen und fliehen. Dort sieht er unter der Masse *die* stehen, die er geliebt, gesegnet, denen er geholfen und das Himmelreich verkündigt hatte: sie haben Wohlgefallen an seinem Sterben. Und unter dem Kreuz sitzt der Tod und wartet auf seine Beute – und die Hölle lacht aus dem Abgrund hell auf und wartet auf ihren Sieg. Und das Furchtbarste: Da läßt der Vater die Hand seines Kindes los und wirft alle unsere Sünde auf ihn – jetzt sinkt der heilige Gottessohn in die Höllenglut der Gottverlassenheit und schmeckt das Gericht des gerechten Gottes über die Sünder.

O sterbender Gottessohn am Kreuz! Wirst du jetzt den Mut, die Kraft erlösender Liebe behalten? Die Engel im Himmel neigen sich über das Gelände der ewigen Welt, um zu schauen den größten Tag der Weltgeschichte, sie zittern: Wird der Königssohn der Liebe die Kraft zum Durchhalten besitzen? Ein Wort an die Ewigkeiten – er wäre frei gewesen! Ein Befehl an die Himmel – zwölf Legionen Engel hätten Gericht gehalten über die kalte Masse zu seinen Füßen! Eine Bitte ans Vaterherz – er hätte absteigen dürfen!

Aber diese Liebe am Kreuz blickt über das Land der Völker und Menschen und schaut in ihnen ihre gefallenen

Brüder, die sie erlösen muß, stellvertretend, versöhnend – und Jesu durchbohrte Hand greift im Geiste liebend nach dieser Menschheit, die ihn haßt und mordet. Er weiß, wenn die Liebe nicht durchhält in den schwersten Stunden der Höllenleiden, dann ist es mit der Welterlösung aus. Da schaut sein brechend Auge über die kalte Masse zu seinen Füßen, und sein ewig liebendes Herze bittet: »Vater, vergib ihnen, sie wissen nicht, was sie tun!« Und die sterbende Liebe behält »Langmut« bis zum Siegesruf: »Es ist vollbracht!«

Siehe, das war die Liebe, die die Kraft behielt bis zum Siege.

> Wie seid ihr mir so lieb und teuer,
> Gethsemane und Golgatha!
> Ihr Stätten, da die Welt die Feier
> der allergrößten Liebe sah…

Und wir? Ach, jetzt müssen wir alle die Augen niederschlagen. Wie schnell zerbricht uns die Kraft zu langmütiger Liebe. Und doch ist es das, was wir am allernötigsten haben in der Gemeinde Gottes, im Alltagsleben des Dienstes, im Kreis der eigenen Familiennöte. Langmut ist geduldige Liebe, die warten, schweigen, dulden und tragen kann.

Paulus zählt in 2. Korinther 6 für die Diener Gottes vierunddreißig Dinge auf, in denen sie sich bewähren müssen, und nennt als erstes: in großer Geduld! Das hat er sicher nicht ohne Überlegung an die erste Stelle gesetzt: »in großer Geduld« oder »in Standhaftigkeit«.

Langmut brauchen wir im Dienst des Reiches Gottes im Umgang mit Sündern. Sie ist die über dem Sünder gefaltete Hand, die betend warten kann. Und ist die Hand gefaltet, dann trägt sie nicht den Stab, den man richtend über ihm zerbricht.

40

Langmut brauchen wir in der Erziehung unserer Kinder. Langmut benutzt immer die mildesten Mittel. Sie ist das Öl auf alle Herzwogen der Erregung. Fürbitte und Gebet aber ist die geheime Kraft der wartenden Liebe. Langmut macht den Erzieher nicht zum »Stockmeister«, durch den die Kinderherzen »verstockt« werden, sondern zum priesterlichen Diener an Kinderseelen.

Langmut brauchen wir im Streit der Lehrmeinungen und im Dienst der Kirche. Wie hat stürmendes, rücksichtsloses Aburteilen oft so viel zerbrochen an Vertrauen und an Werten im Reiche Gottes! Wieviel Brüder sind entzweit, wie viele Reichsgottesarbeiten zerstört worden, wieviel hoffnungsvolles Mühen vernichtet worden, weil man nicht warten konnte, bis die Stellung des anderen sich klärte unter der Seelsorge des Herrn und der Arbeit des Heiligen Geistes.

In erregten Zeiten der Kirchengeschichte streitet man um den Königsmantel Jesu – aber seinem Herzen ist man sehr weit entfernt. Darum das zurückgebliebene Kampffeld mit der großen Verlustliste heiliger Güter. Sollten nicht alle theologischen, kirchlichen Kampfschriften geschrieben werden mit der durchbohrten Christushand der Liebe?

Ach, daß wir alle wieder in des Meisters Fußstapfen treten wollten, in aller Schwachheit und Unvollkommenheit. Daß wir allem Unrecht und allem Unglauben gegenüber die Langmut beweisen möchten, deren letztes Ziel doch ist, daß Seelen aus dem Feuerbrand des Gerichts gerissen werden.

Nicht im Eifer des Urteilens über andere, sondern im Wetteifer der Liebe soll ein Jünger den anderen übertreffen und in Langmut aushalten im Liebesdienst. Rechte Liebe feiert nie »Scheiterhaufenfeste« im Urteil über Andersgesinnte, aber sie kennt stille Bußtage, da sie sich beugt und in der Vergebung der Sünden neue Kraft zum Lieben empfängt.

Wo empfangen wir solche Kraft zur Liebe in der Langmut? Es gibt nur einen Platz, da ihre heilige Quelle rauscht:

> Ewig soll er mir vor Augen stehen,
> wie er als ein stilles Lamm,
> dort so blutig und so bleich zu sehen
> hängend an des Kreuzes Stamm ...

Möge uns dienende, wartende Liebe immer hier schöpfend finden.

Die Liebe ist freundlich. Als Jesus kam, ging in ihm über der Erde die »Freundlichkeit Gottes« auf, wie das reine, leuchtende Morgenrot kommender Welterlösung. In seiner Jesusart erschien in der Wüste der kalten und lieblosen, grausamen und tyrannischen Welt etwas ganz Neues, ganz Unerhörtes, ganz Fremdes: die Freundlichkeit! Was muß das für ein Gottesfrühling gewesen sein auf Erden, als Jesus segnend, heilend, helfend, liebend, betend, rettend durch die Fluren und Städte und Dörfer der sonnenhungernden Menschheit zog. Wo er redete, da klangen Himmelsglocken, wo er sein Selig! Selig! rief, da wußten die Menschen: das Reich Gottes ist nahe herbeigekommen; wo er die Sünder anschaute, da faßten sie Mut zu einem neuen Leben. Wo er die Kranken anfaßte, da wurden sie gesund. Wo er erschien, da nahte die Freundlichkeit Gottes. Einmal, ach, nur einmal ist das große, unbegreifliche wunderbare Wort: »Liebet eure Feinde, segnet, die euch fluchen, tut wohl denen, die euch hassen; bittet für die, so euch beleidigen und verfolgen, auf daß ihr Kinder seid eures Vaters im Himmel« – einmal ist dies Wort leibhaftig über die Erde gegangen, und die Menschen nannten es: Jesus. Das große wunderbare Wort von der Frucht des Geistes: »Liebe, Freude, Friede, Geduld, Freundlichkeit, Gütigkeit, Glaube, Sanftmut, Reinheit« – einmal, nur einmal ist es leibhaftig über die sündige Erde gegangen, und die Menschen nannten es: Jesus! Und einer, der diese Freundlichkeit in dreijähriger Wanderung mit ihm erlebte, bezeugt im hohen Alter: Wir sahen seine Herrlichkeit (Joh. 1, 14)! So oft wir in den Lichtkreis seiner Herrlichkeit treten, trifft uns nur ein Strahl, ein einziger, von den Milliarden Herrlichkeitsstrahlen seines Wesens. –

Ich stand einmal am See Genezareth, am Jordan und in Jerusalem und sah das Land, in dem Jesus einst seine Herrlichkeit geoffenbart hatte. Heute sieht man dort nur Wüsten und Trümmer, frommen Götzendienst, orientalische Armut und fremde Rassen. Aber im Geiste kam mir der Jesus nahe, der das Ebenbild des herrlichen Gottes ist und der dort einst die Fülle der Gottheit leibhaftig offenbarte. Gottlob, jetzt dürfen unsere Glaubensaugen ihn überall schauen, und unser Glaube darf ihn täglich erleben und aus seiner Fülle nehmen Gnade um Gnade, denn nur, wo Jesus ist, da ist die Liebe.

Liebe ist freundlich! Sie ist es allezeit und täglich, wie der weihnachtliche Christus, der das große Freuen mitbringt. Sie ist wie das leuchtende Auge, in dem immer das Herz liegt. Sie ist wie Sonnenschein, der leuchtend über das Angesicht ausgegossen ist. Sie ist wie Höhensonne über dem Nebelmeer der Sorgen und Anfechtungen. Wie haben die armen, kalten, heimatlosen, verzweifelten verbitterten Menschen um uns her solche Freundlichkeiten so nötig, so bitter nötig. Freundlichkeit: die als Tröster, als Seelsorger, als Arzt, als Helfer, als Himmelsbote die Sonne bringt:

in die Dachkammer der Armen,
in die Einsamkeit der Witwen und Waisen,
in die Notwohnung der Flüchtlinge,
in die Anfechtungen und Dunkelheiten der seelisch
Vereinsamten,
in die harte und kalte Welt der Verbitterten,
in das Herz und Leben der Sonnehungernden.

Wir, die wir Christi Namen nennen, laßt uns anfangen, der Welt *den Einen* zu zeigen, den man in Nazareth »die Freundlichkeit« nannte. Der Kleindienst der Freundlichkeit ist ein tägliches Austeilen von Sonnenstrahlen in die winterliche Nacht des anderen.

> Es war nur ein sonniges Lächeln –
> der tröstende Druck einer Hand,
> doch schien's wie die leuchtende Brücke,
> die Himmel und Erde verband.
>
> Es war nur ein freundliches Grüßen,
> es war nur ein helfendes Wort;
> doch scheuchte es dunkle Wolken
> und schwere Gedanken fort.
>
> Es kostet dich wenig, zu geben:
> Sonne, Liebe, freundliche Hand,
> Doch wie arm und wie kalt ist das Leben,
> da *niemand* dies Trösten empfand.

Freundliche Liebe wirkt Wunder! Dazu ein ergreifendes Beispiel aus dem Leben und Wirken von Vater Bodelschwingh.

Auf dem Fichtenhof in der Senne bei Bethel sind Fürsorgezöglinge untergebracht. Im letzten Lebensjahre des Vaters Bodelschwingh war unter diesen Zöglingen ein besonders schlimmer, der immer ausbrach, um einzubrechen. Bodelschwingh hatte damals seinen ersten schweren Schlaganfall gehabt. Seine Zunge war gelähmt, und nur mit großer Mühe konnte er sprechen. Als er so einmal im Rollstuhl im schönen Sonnenschein herumgefahren wurde, da begegnete er diesem Fürsorgezögling, der gerade einen Gang machte. Am Abend dieses Tages sah man diesen Zögling still vor sich hinbrütend in einer Ecke sitzen. Da kam einer zum Hausvater: »Ich weiß nicht, Hausvater, der Heinrich« – so wollen wir ihn hier nennen, denn ich weiß seinen richtigen Namen nicht –, »sitzt wieder so brütend in der Ecke. Er brütet um eine neue Schandtat.« Der Hausvater besuchte den Zögling in seinem Zimmer. »Warum bist du so still?« »Ich bin heute im Garten des Eichenhofes dem Vater Bodelschwingh begegnet, als er gerade im Rollstuhl spazierengefahren wurde. Und als er mich sah, winkte er mich heran.« – »Was hat er denn zu dir gesagt?« fragte der Hausvater. Der Junge stockte. Dann sagte er: »Er kann nicht viel sprechen. Er hat mich gefragt, wie ich heiße und auf welchem Hof ich bin. Und dann hat er mir nur seine Hand auf das Haupt gelegt und gesagt: ›Ich segne dich im Namen Jesu.‹« – Das war dem Jungen in sein Innerstes gedrungen. Er brach in Tränen aus. »Hausvater, ich bin in meinem Leben viel herumgestoßen worden, habe Prügel über Prügel bekommen, aber nie hat ein Mensch zu mir gesagt: ›Ich segne dich im Namen Jesu.‹« – Dann war seine Zeit um. Er ging weg, schrieb monatelang nicht, und der Hausvater glaubte schon, er sei wieder auf seinen alten Weg gekommen. Dann kam eines Tages ein Brief: »Hausvater, Sie müssen nicht denken, ich habe gestohlen. Ich vergesse nicht, daß jemand zu mir gesagt hat: ›Ich segne dich im Namen Jesu.‹«

Ein Menschenwort, in der Liebe Christi gesprochen, kann ein Herz erschüttern und Wunder wirken.

Von Vater Bodelschwingh bezeugt man mit Recht: Er liebte die Menschen, wie Gott sie liebte.

Herr, schenke uns armen, liebekalten Menschen die königliche Dienstkraft der Freundlichkeit, daß wir die Wunder der Liebe erleben!

Liebe eifert nicht. Hier ist die stille, ruhige, tiefe Kraft. Echte Liebe kann immer stille sein. Sie wird nicht beherrscht von den Nerven, wird nicht überwunden von der unerlösten Natur und ihrer fleischlichen Aufregung. Echte Liebe braust nie auf, sie lärmt nicht auf den Gassen, sie poltert nicht rücksichtslos; sie ballt nie die Faust und zeigt keine Rachegelüste, sie stampft nicht mit den Füßen. Sie behält in allen Lagen und Situationen die königliche Ruhe dessen, von dem es geschrieben steht aus den aufregendsten Stunden seiner Kämpfe: Er schwieg stille!

Liebe ist nie wie ein plötzlich hereinbrechendes Ungewitter, in dem es donnert und blitzt, kennt kein Sturmestoben, in dem auch starke Wurzeln bloßgelegt werden, bringt nie den Hagelschlag nervöser Erregung, der die junge Saat hoffnungsvollen Lebens in ihren zarten Ansätzen bei anderen plötzlich vernichtet.

Liebe offenbart den tiefsten Frieden mitten im Sturm!

Liebe kennt keinen Parteieifer im Reiche Gottes, der nie sachlich bleibt, sondern immer persönlich wird und die Liebe Christi verdrängt.

Liebe kennt auch keinen Neid. Sie neidet nicht, sondern gönnt dem anderen ein ungetrübtes Glück.

Neid – so sagte jemand mit Recht – ist ein falscher Prophet, der nie etwas Gutes prophezeit, sondern nach

Abgründen schaut, in denen des Nächsten Glück versinken soll.

Liebe aber sieht den Nächsten in Freud und Leid mit Jesu Augen an, in der stillen Sehnsucht, ihn nur glücklich zu sehen.

Liebe treibt nicht Mutwillen. Die Liebe auf dem Höhenweg ist nie rücksichtslos im Verkehr mit Fremden und Freunden; sie ist nicht hart und selbstsüchtig; setzt nie um jeden Preis den eigenen Willen durch; geht nicht leichtfertig mit dem Glück und den Sorgen der anderen um, sondern ist voller Zartheit, voller Schonung, voller Milde, voller Barmherzigkeit und bemüht sich um den anderen. Denn Liebe ist die Art dessen, der die Geschichte vom barmherzigen Samariter erzählte, der in der Geschichte der großen Sünderin seine Milde zeigte und uns in der Geschichte vom verlorenen Sohn das Herz des Vaters offenbarte.

Liebe trägt das Kleid der Demut: sie blähet sich nicht. Die Art des natürlichen Menschen ist die des Froschkönigs, der am Teich sich aufblähet, aber innen ist er hohl.

Liebe aber ist wie die Blume im Tal, die so einsam stehet, ungesehen, ungenannt, unbekannt, aber mit dem frohen Bekenntnis: »Blüh ich nicht Menschen, so blüh ich dem Herrn.«

Demut ist die schönste Zierde auf dem Höhenweg, auf dem die Liebe mit David bekennt: »Ich will noch geringer werden in meinen eigenen Augen.«

Liebe drängt sich nie in den Vordergrund. Sie kämpft gegen die natürliche Belastung aller krankhaften Geltungstriebe. Sie fragt nie: »Wer ist der Größte unter uns?«

Liebe sucht nie den ersten Platz, jagt nicht nach Ehre und Ansehen. Liebe ist nicht empfindlich, wenn sie übergangen, übersehen wird. Liebe ist nicht selbstsüchtig und tritt gerne zurück, wenn es um die Person des anderen geht.

Liebe kann mit dem gesegneten Pastor Engels, Nümbrecht, die schwere Lektion lernen: »Ich will alles das willkommen heißen, was mich heruntersetzt, und will alle hohen Gedanken von mir selbst abweisen.«

Liebe steht von ferne und singt im Dienste des Höhenweges ihr Ruhmeslied:

> Wollt ihr wissen, was mein Preis,
> wollt ihr lernen, was ich weiß,
> wollt ihr sehn mein Eigentum,
> wollt ihr hören, was mein Ruhm:
> Jesus, der Gekreuzigte.

Wie weit sind wir Christen des 20. Jahrhunderts von diesem Höhenweg entfernt, wie sind wir arm an der wahren Christusdemut, wie vergiftet von Hochmut, Selbstgefälligkeit, Ehrgeiz, Ruhmsucht, Geltungsbedürfnis, Selbstverherrlichung. Welch ein Lasterkatalog unseres unerlösten Herzens! Wir können nur schreien:

> Hinab denn in die Tiefen all das Meine –
> hinauf, hinauf, da du, Herr Jesu, bist.
> Ach, laß mich suchen nimmermehr das Meine,
> laß suchen mich, was dein, Herr Christus, ist.

»Herr, gehe von mir hinaus, ich bin ein sündiger Mensch!«

Liebe handelt nie anstößig – sie stellet sich nicht ungebärdig. Sie verletzt nie das Empfinden anderer, achtet Anstand und Sitte, beachtet die Würde und den Adel der

Gotteskindschaft. Liebe gibt keinen Anstoß, denn sie wandelt in der königlichen Kraft der Zucht; sie beweist höchsten Schönheitssinn in der innersten Haltung; sie fällt nie aus der Rolle. Liebe spielt nie das Doppelspiel: »bald gottselig – bald weltselig«, sondern hat die gleichmäßig streng gehaltene Höhenlinie eines christlichen Charakters, in dem Jesus Gestalt gewonnen hat. Liebe hat eine heilige Sorge: Unanstößig vor der Welt und vor den Frommen erfunden zu werden, bis auf den Tag Jesu Christi (1. Thess. 3, 13).

»Wer sich stets im Umkreis des Kreuzes Christi hält, der gerät nicht in die Weltkreise, aus denen heraus er Anstoß gibt.«

Die Liebe suchet nicht das Ihre! Die Fortsetzung dieses Wortes müßte heißen: sondern das, was des anderen ist. Paulus klagt im Philipperbrief über seine frommen Brüder: Sie suchen alle das Ihre! Das ist eigentlich die Signatur unserer Herzen. Es mögen etliche unter meinen Lesern sein, die nicht das Eigene suchen – wir anderen alle suchen, oft im frommen Gewand und frommer Aufmachung, das Unsere. Nur einer ging über die Erde, der in allen Stücken suchte, was seines Vaters Ehre und der verlorenen Welt Heil war. Wie ganz anders muß unser praktisches Christenleben werden, ehe es frei wird von aller Selbstherrlichkeit und frei wird vom Gift des Eigenlebens!

»Jedem das Seine«, das ist der Grundsatz sozialer Staatsgesinnung. »Jedem das Meine«, so lautet eigentlich die Evangeliumslosung des Höhenweges. Diese Forderung scheint übertrieben. Die Christen der Frühlingsgemeinde in Jerusalem übten sie. Keiner sagte von seinen Gütern, daß sie sein wären, sie hatten alles gemein (Apg. 4, 32. 33). Man kann diesen biblischen Sozialismus als

»Verirrung« hinstellen und darüber urteilen, wie man will, hier galt jedenfalls der Grundsatz: Jedem das Meine!

Aber wie soll das praktisch durchgeführt werden? Es ist so gemeint: Bei aller Festhaltung und Freiheit des Erdenbesitzes andere teilhaben lassen an seinen Gütern, an seinem Besitz, an seinen Festen, an seinen Freuden, an seinen Tröstungen, an seinen Segnungen, an seinen Gaben, an seinem Glück. Liebe sucht nicht alles für sich nutzbar zu machen, sondern teilt ihr Glück und ihre Gaben *mit dem anderen*. Wo dieser Grundsatz: »Jedem das Meine« im Geiste von 1. Korinther 13 ausgelebt wird, da gibt es ein Paradies in den Familien, ein Stück Himmel in christlicher Gemeinschaft, da ist wirklich Reich Gottes in der Kirche auf Erden.

O wie weit sind wir doch davon entfernt. Hätten wir das geübt in den Jahren nach dem Zusammenbruch: es gäbe nicht so viel Armut, Bitterkeit und Klagen unter uns.

Eigennutz macht rechthaberisch, prozeßsüchtig; er geizt, würgt, wuchert, schachert, macht hart und kalt.

Liebe aber sucht das, was des anderen ist: sie zündet Lichter an auf seinem Pilgerwege; sie pflanzt Blumen in seinem Lebensgarten; sie teilt Gaben in seine Hände und ist nur dann ganz glücklich, wenn es der andere auch ist.

Den Tag nenn' ich verloren,
den Liebe nicht verklärt,
da 's Herze nicht dem andern
ein heimlich Glück beschert.

Wir alle sind als Lichter
in diese Welt gestellt.
Ein kleines Licht nur jeder,
wie hell wär dann die Welt!

Liebe läßt sich nicht erbittern – und rechnet das Böse nicht zu.

Wie viele bittere Wurzeln in den Christenherzen hin und her, in Kirche und Gemeinschaft, in Verwandtschaften und Familien, in Anstalten und Reichsgotteswerken!

Ich bin oft erschrocken auf meinen Reisen: Wieviel Kleinkrieg im Reiche Gottes, da man auf Zions Mauern miteinander hätte bauen sollen. Wieviel Bitterkeit in den Herzen vieler Pfarrer und Presbyter, vieler Gemeindeglieder und Arbeiter des Reiches Gottes! Bitterkeit: über erlittenes Unrecht, über üble Nachreden, über dunkle Verleumdungen, über Verkennungen und liebloses Urteilen, über unbrüderliches Handeln und unrechtes Schreiben. Wenn ich denke an all das zertretene Vertrauen, an die verwundeten und verbitterten Herzen, an all die versäumten Gelegenheiten zum Liebesdienst – dann muß ich sagen: In der Hölle ist ein großes, sieghaftes Frohlokken. Denn im Himmel hat man mit unlauteren Kampfmethoden nichts gemein. Muß nicht mancher Pfarrer zu vielen Gemeindegliedern gehen und aus tiefstem Herzen sagen: »Vergib! Ich habe gegen die Liebe gesündigt im Eifern.« Und manches Gemeindeglied muß den Weg ins Pfarrhaus finden und sagen: »Vergib! Ich habe lieblos gehandelt und geurteilt und nicht in der Liebe Christi.« Muß nicht mancher Bruder zum Bruder den Weg finden, in sein Haus und an sein Herz, und die Engel im Himmel müssen Freude haben an Gottesknechten, die sich gegenseitig beugen können und die sich einander ihre Sünden wider die Bruderliebe vergeben können. Dies große Reinemachen im Hause Gottes muß kommen, sonst werden die Blutspuren getöteter Bruderliebe das Gericht am Hause nicht mehr aufhalten können. Die Liebe muß hier zunächst die Schuld aufdecken.

Die Liebe auf dem Höhenweg spricht auch nicht:

»Vergeben habe ich's – vergessen kann ich's nie und nimmer.« Wo wirklich vergeben ist, da kann man auch vergessen.

Es ist schauerlich, aber wahr, daß es Familien und Erbhöfe gibt, da man den Streit und die Unversöhnlichkeit vererbt von Generation zu Generation. Und Christen stehen auch in Gefahr, bitter zu werden, wenn sie etwas erlebten, das sie bis ins Innerste aufwühlte.

Liebe rechnet das Böse nicht zu. In einer alten Übersetzung steht an dieser Stelle das Wort: *Liebe führt kein Buch über erlittenes Unrecht.*

Wir alle haben ja ein stilles Konto im Herzen, da steht das Große und das Kleine aus all den Geschichten der Vergangenheit,

> da man uns wehe getan –
> da man uns übervorteilt hat –
> da man uns übergangen hat –
> da man uns Unrecht tat –
> da man uns beleidigte –
> da man uns nicht ehrte, usw.

O grausige, dunkle Buchführung! Da stärkt der Teufel das Gedächtnis und schürt den Feuerherd der Bitterkeit. Was tut die echte, starke Jesusliebe? Sie führt kein Buch über erlittenes Unrecht.

Jetzt, mein Leser, habe ich eine Bitte: *Vernichte für immer dieses dunkle Konto* und wirf den Stift der Lieblosigkeit und Bitterkeit für immer weg; führe nie, nie mehr Buch über erlittenes Unrecht: Vergeben und vergessen!

Gott wird es dir segnen und dich ganz, ganz glücklich machen in der vergebenden Liebe. Und fortan: Lege nie etwas auf die Steinwaage des Anstoßes, sondern alles auf die Goldwaage der vergebenden Liebe.

Und hast du etwas ganz Schweres erlebt, was dich doch bitter machen könnte, so höre: Ein lebendiger, gesegneter Christ hatte in seiner Dienststellung viel Enttäuschung erlebt von Christen, er mußte durch viel Verkennung, mußte unter das vernichtende Urteil liebloser Kritik und kam in die Gefahr, bitter zu werden. Er erzählte mir dann: »Nur eins hat mich bewahrt vor Bitterkeit. Seit Monaten bete ich zweimal des Tages 1. Korinther 13, das hohe Lied der Liebe, und dann spüre ich Kraft, meine Brüder, die mir Unrecht getan haben, zu lieben.«

Ich bin gewiß, der Herr wird diesen Mann zu seiner Zeit aufs neue segnen und wieder zu Ehren bringen. Du aber gehe hin und tue desgleichen, und du wirst bewahrt vor Bitterkeit.

Wohin Bitterkeit und Unversöhnlichkeit treiben, dafür nur ein erschütterndes Bild aus dem praktischen Leben. Ein schon heimgegangener Gefängnisprediger erzählt aus seiner Seelsorgearbeit folgendes:

»In der Zelle saß ein 28jähriger junger Mann. Er stammte aus christlichem Hause. Die Mutter war Geheimrätin, eine führende Persönlichkeit. Der Junge kam nach dem Militärdienst auf eine Bank, geriet in schlechte Gesellschaft und erlag dem Trunk. Er unterschlug eine große Summe Geldes – und bald saß er im Gefängnis. Aber hier kam er zur Besinnung und Umkehr. Er sollte entlassen werden und wollte ins Elternhaus zurück. Auf meine Bitte, den Jungen freundlich aufzunehmen, kam die Antwort der Mutter: ›Mein Junge! Der Pfarrer schreibt uns, du sollst nach Hause. Davon kann keine Rede sein; du hast uns, deinen hochgestellten Eltern, schon soviel Herzeleid bereitet und jetzt durch deine Gefängnisstrafe gesellschaftlich unmöglich gemacht. Du kannst uns nur einen Gefallen tun: daß du dich sobald als möglich aus der Welt schaffst.‹ Der arme Junge hat dann der Mutter den Gefallen getan und ist aus der Welt gegangen. Am anderen Morgen hing der Junge als Leiche in seiner Zelle, der Brief der Mutter lag ausgebreitet am Boden.« Eine Rabenmutter, die nicht vergeben und vergessen wollte. Dahin führt Unversöhnlichkeit und Bitterkeit, die nicht vergeben will.

Mein Leser! Jetzt hast du gewiß in deinem Leben, auch in deinem frommen Leben, viel zu vergeben. Mache dich bald auf den Weg, ehe die Sonne am Abend untergeht, denn dann könnte es zu spät sein.

> O lieb, solang du lieben kannst,
> und lieb, solang du lieben magst,
> die Stunde kommt, die Stunde naht,
> da du an Gräbern stehst und – klagst!

Liebe führt kein Buch über erlittenes Unrecht!

Liebe freuet sich nicht der Ungerechtigkeit. Dabei denken wir nicht an die Ungerechtigkeit, die die Völkerarena und das Weltall beherrscht. Es gibt eine ganz feine Freude an der Ungerechtigkeit:

Wenn man noch mit kaltem Herzen sehen kann, daß es dem Nächsten schlecht geht,

wenn man hausieren geht mit den Sündengeschichten der anderen,

wenn man satanische Schadenfreude fühlt im Unglück des anderen,

wenn man priesterlich nicht mitleidet angesichts des Sündenjammers der Welt,

wenn man kein Mitgefühl hat für den Jammer innerer und äußerer Not anderer.

Was ist doch unser Herz für ein trotziges, vergiftetes Ding, in dessen Tiefgrund Satan solche Giftgase dämonischer Vernebelungen unterbringen kann. Die Liebe aber klagt dann mit dem Sänger:

>Siehst du nicht des Herzens Höhle,
wie sie ist verwirrungsvoll,
in dem tiefsten Grund der Seele
glänzt es noch nicht, wie es soll.
Ach, wann wird doch einst dein Glanz
meinen Geist verklären ganz?
Daß doch alles möchte sterben,
was dein Licht nicht kann ererben.«

O alles, auch der letzte Rest der Freude an der Ungerechtigkeit muß sterben, damit

die Freude an der Wahrheit siegen kann.

Liebe freuet sich der Wahrheit. Echte Liebe göttlicher Art macht nie, nie einen Bund mit der Lüge, mit der Sünde, mit dem Irrtum, mit der Unwahrscheinlichkeit. Sie sagt klar und deutlich die Wahrheit, auch auf die Gefahr hin, nicht verstanden und nicht anerkannt zu werden. Aber die Liebe sagt die Wahrheit nie schroff, nie gesetzlich, nie kalt, nie anstößig, sondern immer in Liebe.

»Die Liebe gehet mit der Wahrheit« – so könnte man sagen an dieser Stelle. Wie zwei Himmelsboten wandern sie segnend und siegend durch die Lande. O möchten diese Gottesboten auch in unseren Herzen wohnen! Möchten sie unsere Kirchen reinigen. Möchten sie unser Volk beherrschen. Wir wollen mit ihnen einen Bund machen und in ihren Dienst treten. Wie bei Christus Liebe und Wahrheit in göttlicher Harmonie wohnten und sein

Leben durchleuchteten, so sollen sie in jedem Christen zu finden sein. Die Liebe freuet sich mit der Wahrheit!

Die Liebe verträgt alles – glaubet alles – hoffet alles – duldet alles! Sie verträgt alles, das heißt auch: sie deckt alles zu. Wir – das ist die natürliche Art auch des frommen Menschen – wir decken auf und zerren mit Wohlbehagen die Sünden anderer ans Licht. Aber das ist keine Liebe, das ist satanische Begier!

Die Liebe deckt beim Bruder auch der Sünden Menge und entschuldigt alles. Liebe hilft Wunden heilen und hilft dem Nächsten zurück und zurecht. Und wenn sie ganz milde, vielleicht zu milde über den Gefallenen, den Gestrandeten, den Schwachen geurteilt hat, dann reut es die Liebe nicht, daß sie alles ertrug; sie spricht mit Karl Gerok:

> »Mich reut kein Spruch, den schonend ich gesprochen,
> wo man den Bruder auf der Waage wog;
> wenn ich gehofft, wo ihr den Stab gebrochen,
> und Honig fand, wo Gift ein andrer sog;
> und war zu mild mein Spruch, zu kühn mein Hoffen,
> im Himmel sitzt er, der das Urteil spricht:
> Auch mir bleibt nur ein Gnadenpförtlein offen,
> es reut mich nicht.«

Liebe glaubet alles, hoffet alles, duldet alles, das heißt, sie gibt niemand und nichts auf. Das ist eine schwere, aber selige Übung auf dem Höhenweg: In Liebe zu warten, zu hoffen, zu dulden. Ob das im Reiche und Dienst des Evangeliums, ob das auf dem Erziehungswege an eigenen Kindern und den Allernächsten ist – wir lassen uns die

Liebe schenken, die alles glaubet, alles duldet. Das ist die Liebe die auf dem Höhenweg ihre Wunder erlebt.

Ein altes, liebliches Märchen erzählt von dem Dornstrauch und dem kleinen Mädel: An der Gartenhecke, weit hinten im Garten, stand der junge Dornstrauch. Jedes Jahr im Frühling war er der erste unter den Sträuchern, dessen Zweige die grünen Spitzen zeigten, und der dann die wundersamen roten Röschen schenkte. Dieser Dornstrauch war der Liebling der fünfjährigen Rosalinde, die sich königlich über die schönen Buschröschen freute, die zwischen den vielen, vielen Dornen standen. Aber ein Frühling kam, da wollte der Dornstrauch nicht grün werden, die Dornen waren scharf, aber die Zweige blieben dürr, und die Röschen kamen nicht. Die anderen Sträucher grünten längst und wollten blühen, der Dornstrauch zeigte nur seine kahlen Stacheln. Rosalinde war traurig, lief jeden Morgen in den Garten und stand vor dem Dornstrauch, als wollte sie bitten: Lieber, lieber Dornstrauch, nun blühe auch du! Der Dornstrauch aber blieb welk und kahl. Als das Kind wieder einmal so traurig und enttäuscht vor seinem Liebling stand, alles Warten und Bitten hatte nichts geholfen, da kam ihm ein rettender Gedanke: es lief zur Mutter und sprach: »Mutter, ich will den Dornstrauch einmal fest lieb halten, vielleicht blüht er dann doch noch!« Dann lief Rosalinde morgens früh in den Garten zu ihrem Dornstrauch, schaute sich um, ob ihr auch niemand zusah, und nahm den kahlen, scharfen Dornbusch in ihre Kinderarme, drückte ihn fest an sich, küßte ihre Liebe auf die welken Spitzen und sprach: »Lieber, lieber Dornstrauch, siehe, ich halte dich so lieb, nun blühe auch wieder!« So machte sie es Tag für Tag. Die kleinen Ärmchen wurden wund von den Dornen, aber ihr Herzchen hoffte und liebte und wartete voller Gewißheit auf die Dornröschen. Da – an einem Morgen kam das

Kind jauchzend aus dem Garten zur Mutter: Mutter, der Dornstrauch blüht, der Dornstrauch blüht; ich habe ihn auch lieb gehalten! Wahrlich, die Spitzen des Busches zeigten das hoffnungsvolle erste Grün, und bald stand der Strauch in voller Blütenpracht. Und um den Dornstrauch tanzte froh und dankbar die Rosalinde, der es zur Gewißheit geworden war, daß unter dem Zauber ihrer Liebe der Busch zu neuem Leben und neuem Frühlingsblühen gekommen war.

Aber hatte Rosalinde nicht recht? Wo alles versagt, wirkt Liebe Wunder! Hat uns das Kind nicht eine wundervolle Predigt zu halten, einen erlösenden Weg zum Herzen deines Dornbusches gezeigt? So höre denn jetzt!

Mit Sorge und Gram schaust du, Mutter, auf deinen Buben; er ist so schwierig zu erziehen, er hört so schlecht, er macht soviel Dummheiten, er ist so störrisch. Wieviel Worte läßt du täglich über ihn regnen; dir ist, als gingen sie alle an ihm »herunter« ohne Wirkung und Gehör. Du stehst in Gefahr, gegen ihn bitter zu werden, deine Liebe erkaltet. Während die anderen Kinder blühen und grünen, ist er der kahle, dornenscharfe Strauch, über den du dein »Hoffnungslos« schreibst. Nur manchmal, ach, da schaut aus seinem unruhigen Auge dich etwas an, als wollte dieser Blick fragen: »Mutter, hast du keine Sonne für mich?« Siehe, du Mutter, noch ein Mittel hast du, halte deinen Dornstrauch einmal lieb, nein, nicht einmal, öfters; nimm ihn in deine Arme; gib ihm einen Kuß; sage ihm auch, daß *du* ihn lieb hast. Wenn auch die Enttäuschungen wie Dornen deine Mutterliebe verwunden, behalte den Dornstrauch lieb. Du wirst eines Tages auch erleben, daß die ersten hoffnungsvollen, grünen Spitzen sich zeigen, und unter der Frühlingssonne deiner Liebe werden die Rosen kommen. Liebe gibt niemand und nichts auf.

Und du, armes Weib, sonnehungernd gehst du seit

Monaten, seit Jahren an der Seite deines wortkargen, harten, liebekalten Mannes. Es ist, als sei zwischen euch der Frost geraten, diese unheimliche Ehekrankheit. Einer denkt vom anderen, wenn er doch anders wäre! Wie wenig Verstehen, wie wenig Liebe! Andere Ehen und Familien blühen und grünen, unsere Ehe und Familie ist kahl und herbstlich, winterlich, kalt, dürr, dornenreich. Was sollst du tun? O gib deinen Dornbusch nicht auf. Ein Zaubermittel gibt es, das ist im Himmel gewachsen, das hat noch nie versagt: Das ist die Liebe, die alles trägt, alles glaubt, alles hofft, alles duldet, die Liebe, die langmütig und freundlich ist.

Nimm deinen Dornstrauch in deinen Arm, küsse die harten, scharfen Spitzen mit vergebender Liebe, schenke ihm die Frühlingssonne der ersten Liebe, umgib ihn mit dem Duftzauber der Freundlichkeit. Du wirst es ganz gewiß erleben, auch dein Dornstrauch zeigt bald ein zartes, reines Grün, treibt bald wundersame Frühlingsblüten und wird dich noch einmal erfreuen mit der Wonne eines glücklichen Lebens. Liebe wirkt Wunder!

Und du Lehrer in der Schule, du Seelsorger im Unterricht, dein Dienst machte dir Freude und wäre ungetrübt, wenn nicht – ja, wenn nicht da hinten der Dornstrauch säße. Beim ernstesten Thema macht er lächerliche Dummheiten; selten kann er seine Lektion; sein Wesen wirkt ansteckend auf die anderen; welche Proben der Geduld hat er dir schon auferlegt. Aus seinen finsteren Mienen lodert ein Feuer der Verbitterung, und zugleich trägt sein Auge etwas so Gleichgültiges, daß alle Strafen umsonst sind. Ein Rätsel für den Lehrer, eine Belastung für die Klasse. Was tun? Gibt's noch ein pädagogisches Mittel, das sich an ihm nicht erschöpft hat? Ja! Dieser Dornbusch ist ja aufgewachsen in der kalten Zone: Daheim nur harte Worte, kalte Herzen, dicke Luft, versuchungsvolle

Umgebung. Keine Sonne fiel auf seinen Kinderpfad. Die Dornen seines Jugendlebens wurden immer schärfer, keiner wollte ihn anfassen. Da muß die Liebe ihre Kunst versuchen: nimm diesen Dornbusch einmal besonders in deine Arme; grüße ihn mit einem Freudenlicht herzlicher Worte; zeige ihm die Sonne deines Herzens; streue ein wenig Liebe in sein Kinderleben; nimm ihn einmal besonders vor den anderen, mache es wie Rosalinde – und du erlebst Frühlingswunder an deinem Dornstrauch.

Und nun kann meine Predigt vom Dornstrauch kürzer werden: Ihr Arbeiter im Reiche Gottes: gebt niemand und nichts auf! Bei der Arbeit der Trinkerrettung, beim Werben um schwierige Seelen, beim Dienst in der Fürsorge an Jungen und Alten, bei allen Enttäuschungen an Gestrandeten und Gefallenen – wieviel, wieviel scheinbar vergebliche Arbeit an dem Dornstrauch! Versucht doch auch das Letzte, das Beste noch: behaltet den Dornbusch lieb! Einmal kommt doch der Tag, da werden unter dem warmen, herzlichen Strahl der alles hoffenden, tragenden Liebe seine Spitzen grün, und er wird doch noch blühen zur eigenen Rettung, zur Freude der anderen, zur Ehre Gottes.

Wo erstorbene Bäume, da hofft die Liebe noch auf ein
    Blühen;
wo erloschene Sterne, da glaubt die Liebe noch an ein
    Leuchten;
wo versiegte Quellen, da wartet die Liebe noch auf ein
    Rauschen.

Die Liebe höret nimmer auf. Mit diesen Worten beginnt Paulus am Schluß des hohen Liedes, 1. Korinther 13, das ewige Leben der Liebe in ihrer dauernden Größe zu schildern. Alles Große und Glückbringende, alles Reichmachende und Lebensvolle ist um so wertvoller, als es Dauer hat. So übertrifft die Liebe hierin auch alle Geistesgaben und Machthöhen im Reiche Gottes. Reiche vergehen, Kronen brechen, Gewaltige sinken ins Grab.

> Die Blumen und das Laub,
> die fallen in den Staub,
> und alle Erdenherrlichkeit,
> sie währt nur eine kurze Zeit –
> und muß vergehen.

Auch die Kirchen und Konfessionen mit ihren Sonderheiten und Bekenntnissen fallen und vergehen. Irdische Größen in der Geschichte des Reiches Gottes werden vergessen. Kirchen und Dome, Werke des Glaubens und Fronten des Kampfes sinken in das große Grab der Zeit, Gewänder des Kultus und Formen der Verfassung veralten. Auch Geistesgaben: seien es Weissagungen – sie werden abgetan! Seien es Zungenreden – sie werden aufhören; sei es Erkenntnis – sie geht dahin. Denn hier ist alles Stückwerk. Nur eine Gestalt geht durch die Jahrhunderte in gleicher Macht und Schönheit, im Königsgewand der Liebe: Jesus! Sein Reich wächst nicht nur, sondern hat Bestand für die Ewigkeiten, das Reich der siegenden Liebe. Und aus unserem Christentum wird für die Ewigkeit nur das bleiben, was die Liebe als Frucht gewirkt hat und von dem Jesus am großen Erntetag sagen kann: »Das habt ihr mir getan ...« (Matth. 25, 40). Wenn dann erst der Glaube, mit dem wir im Erdenland kämpften, dort »zum Schauen« wird, und wenn die Hoffnung, die uns den Pilgerweg erleuchtete, dort »zum Haben« wird, dann wird die Liebe ihr Krönungsfest feiern und wird ewiglich regieren in der Welt der Erlösten; denn sie ist die größte unter ihnen. Glaube und Hoffnung nehmen alles *von*

Gott, aber die Liebe gibt alles hin *für* Gott; sie ist die größte, denn sie ist *Gottähnlichkeit,* darum bleibt sie ewiglich.

Sie ist hier die *Muttersprache* des menschlichen Herzens, denn jeder Mensch versteht die Tat der Liebe, auch das »schweigende Wort« – ob das der Schwarze in den Missionsländern ist oder der Kulturmensch in Europa oder der Verbitterte an den Trümmern seines Glückes oder der Mann auf dem Sterbebett oder das Kind in der Wiege – diese Muttersprache des Herzens versteht schon jeder in der sündigen Welt dieser Zeit. Und diese Liebe wird einmal die *Heimatsprache* der neuen erlösten Welt sein; denn sie höret nimmer auf.

So schauen wir im Glauben und in der Hoffnung aus nach der ewigen Heimat und wissen, im Vaterhause der neuen Schöpfung wird die Liebe ewig währen; denn sie ist unter allen Gaben die größte.

Es lohnt sich, diesen »Höhenweg der Liebe« zu gehen bis ans Ziel; denn er allein endet im Vaterhause.

Lieferbare TELOS-Taschenbücher

Lieferbare TELOS-Taschenbücher